Alexander Yuan Li

WISDOM IN COMBAT

Lion's roar of empowerment

A Theoretical Approach to Self-Defense and Personal Growth

Dieses Buch konzentriert sich ausschließlich auf die mentalen Kräfte, die über Sieg oder Niederlage einer Selbstverteidigungssituation entscheiden.
Der beste Techniker wird keinen Kampf gewinnen, wenn ihm das mentale Rüstzeug fehlt.

Von

Alexander Yuan Li

WISDOM IN COMBAT

Lion's roar of empowerment

A Theoretical Approach to Self-Defense and Personal Growth

Fotos: iStock-525509517, iStock-1185241827, iStock-1468886187

FSC
www.fsc.org
MIX
Papier aus verantwortungsvollen Quellen
Paper from responsible sources
FSC® C105338

Verlag: BoD • Books on Demand GmbH, In de Tarpen 42, 22848 Norderstedt
Druck: Libri Plureos GmbH, Friedensallee 273, 22763 Hamburg
ISBN: 978-3-7597-7880-2

VORWORT

Gleich zu Beginn ein Hinweis:

„Kampftechniken sind kein Sport und dienen ausschließlich der Selbstverteidigung! Das sollte jedem klar sein, der sich damit beschäftigen möchte. Nur in den Händen eines friedlichen Geistes richten sie keinen Schaden an".

Meiner Meinung nach sind alle Kampfstile gleich gut und bieten alles, was man zur Selbstverteidigung benötigt. Es kommt lediglich darauf an, was der Einzelne daraus macht.

„Unsere psychische Verfassung entscheidet letztlich über Sieg oder Niederlage, nicht unsere Technik".

Stellen wir uns immer wieder die Frage, was den Löwen zu einem hervorragenden Jäger macht, stoßen wir auf folgende Attribute: Mut, Geduld, Entschlossenheit.

Um eine Notwehrsituation unbeschadet zu überstehen, müssen wir in uns den Löwen wecken.

Ich habe lange überlegt ob es überhaupt richtig ist, ein Buch über die theoretische Seites des Kampfsports zu schreiben, da ich meine Aufmerksamkeit lieber auf Frieden, Menschlichkeit und gegenseitige Wertschätzung lege. Doch aufgrund gesellschaftlicher Veränderungen fühle ich mich mittlerweile geradezu aufgefordert, mein Wissen zum Thema Kampfsport weiterzugeben.

Es gibt immer mehr aggressive Zeitgenossen, die unseren Frieden stören. Sie sind der Grund, warum ich mich letztlich doch dazu entschieden habe, dieses Buch zu veröffentlichen. Schließlich sollte jeder in der Lage sein, seine persönliche Freiheit zu verteidigen.

Die Veröffentlichung erfolgt immer in der Hoffnung, dass mein Buch in die richtigen Hände gelangt.

Bei dem nachfolgenden Inhalt geht es nicht um Kampftechniken im Einzelnen, sondern um das mentale Rüstzeug im Umgang mit einer Selbstverteidigungssituation.
Es lehrt uns Stille, Einkehr und Bewusstsein, aber auch die Konzentration auf das Wesentliche. Es erweckt die Essenz unserer körperlichen Fähigkeiten, und es macht deutlich, dass jeder von uns einen Löwen in sich beherbergt.
Der Leser erfährt auch, wie das Ego unser Leben und unsere Beziehungen beeinflusst, und wie wir erkennen können, wann es unser Handeln im Griff hat.
Es wird aufgezeigt, wie man mentale Stärke erlangt, um sein Leben im Notfall zu verteidigen.

EINLEITUNG

Leider liest und hört man immer häufiger von gewaltsamen Überfällen auf *vermeintlich* hilflose Personen.

Oftmals finden diese sogar am helllichten Tag statt, auf belebten Straßen und Fußgängerzonen. Angreifer gehen dabei mit äußerster Brutalität und Beherztheit vor, da sie nicht mit einer Gegenwehr ihrer Opfer rechnen.

Passanten schauen aus Angst beschämt zur Seite, anstatt helfend einzugreifen. Dieses passive Verhalten unserer Mitmenschen zu analysieren, wäre wohl eine sehr interessante Angelegenheit für einen Psychologen, würde uns momentan aber nicht weiterhelfen.

Lassen Sie uns deshalb lieber erörtern, wie Sie sich selbst am besten schützen können. Dieses Buch richtet sich vorwiegend an Frauen, da diese, so traurig es ist, die Mehrzahl der Opfer darstellen. Ziel ist es, ihnen zu helfen, der „typischen Opferrolle" zu entkommen. Aber natürlich spreche ich damit auch Männer an, die ihre Familie vor gewaltsamen Übergriffen schützen wollen.

Meine langjährige Praxis in verschiedenen fernöstlichen Kampfkünsten und das Studium unterschiedlicher menschlicher Verhaltensweisen haben mir gezeigt, dass jeder Mensch in der Lage ist, sich erfolgreich gegen einen Angreifer zur Wehr zu setzen, auch wenn er keine Erfahrungen im Kampfsport hat. Natürlich bedarf es hierzu einiger Techniken, doch der wichtigste Punkt für das Gelingen einer Selbstverteidigung, ist die geistige Einstellung.

Gerade die mentale Kraft versetzt Sie in die Lage, sich im Falle eines Angriffs mit wenigen Techniken zur Wehr zu setzen.
Seien Sie sich in erster Linie darüber bewusst, dass jeder Angriff höchste Gefahr bedeutet, weshalb Sie sich ein hohes Maß an Disziplin und Handlungsbereitschaft aneignen *müssen*. Üben Sie deshalb jede Technik regelmäßig, um diese dann im Notfall mit voller Kraft und Selbstvertrauen aus Ihrem Unterbewusstsein abrufen zu können.
Auch gehört zur Disziplin das Erkennen einer Möglichkeit zur Flucht, - denn, der beste Kampf ist der, der erst gar nicht stattfindet.
Vergleichen Sie sich mit einem Krieger. Dieser trainiert täglich für einen Kampf, der vielleicht niemals stattfindet, aber er ist trotzdem dafür bereit. Er bildet sich stets weiter und versucht, neue Techniken zu verinnerlichen. Natürlich gibt es angenehmere Formen der Weiterbildung. Wer würde nicht lieber in tiefsinnigen philosophischen Meisterwerken schwelgen, oder alle Menschen in Freundschaft umarmen, anstatt Zeit für das Studium von Kampftechniken aufzuwenden.
Aber, eine Welt wie die unsere, die außer vielen wunderschönen Dingen nun mal auch hässliche Nebenprodukte an den Tag fördert, zwingt uns doch regelrecht dazu, neue Überlebensstrategien zu entwickeln.
Nur wer sich auf die ständig wechselnden Situationen einstellt wird letztendlich den Kampf überleben. Wenn man bedenkt, wie viele Kämpfe Sie in Ihrem Leben bereits gewonnen haben, ist das Erlernen von ein paar Selbstverteidigungstechniken, nur ein weiterer Mosaikstein zur Vervollkommnung Ihres persönlichen

Reifeprozesses. Sehen Sie darin lediglich eine Erweiterung Ihres Repertoires an bereits erlernten Bewegungen, wie zum Beispiel das Gehen und Stehen, Radfahren, das Greifen von Gegenständen, usw.
Auch wenn Sie bisher keine Erfahrungen in irgendwelchen Kampfsportarten sammeln konnten, wird Ihnen dieses Buch das nötige Grundwissen und Verständnis der einzelnen Techniken und Verhaltensmaßnahmen vermitteln. Doch vergessen Sie nicht:

"Lesen allein genügt nicht. Nur die Übung macht bekanntlich den Meister. Und glücklicherweise zählt dazu auch das mentale Training, nicht nur der Schweiß der physischen Anstrengung"

NOTWEHR! WAS SAGT DAS GESETZ DAZU?

§

Der § 32 StGb. (Strafgesetzbuch) in Kürze zusammengefasst:
Wer eine Tat begeht, die durch Notwehr erforderlich ist, handelt nicht rechtswidrig.
Notwehr ist eine Verteidigung, die geboten ist, einen gegenwärtigen rechtswidrigen Angriff von sich oder einem Dritten abzuwenden. Betrachtet man die Notwehr rein aus der Sicht der Gesetzgebung, liegt zunächst eine Körperverletzung vor, die solange strafrechtlich verfolgt wird, bis die Beweise für eine echte Notwehrsituation erbracht werden.
Es muss also eindeutig zu erkennen sein, dass Sie keine andere Wahl hatten, als den Angreifer "körperlich" davon abzuhalten, Ihnen Leid zuzufügen.
Erst wenn das Gericht Ihre Handlungsweise als Notwehr anerkennt, sind Sie von dem Vorwurf der Körperverletzung befreit.
Um eine Notwehrsituation objektiv beurteilen zu können, sollte man sich folgendes vergegenwärtigen:

Wann ist ein Angriff gegenwärtig und rechtswidrig?
Antwort: Sobald ein Angriff auf Sie persönlich, d. h. Ihre Gesundheit, auf Ihren materiellen Besitz

oder auf Ihr Ehrgefühl gegenwärtig verrichtet wird, bzw. unmittelbar bevorsteht.

Gilt ein Angriff einem Dritten (z. B. Ihrem Freund, Ehemann, Ehefrau, Kind, fremder Person), so spricht man bei einem Eingreifen Ihrerseits, von Nothilfe.

ACHTUNG: Nothilfe liegt nur vor, wenn der Angegriffene nicht in der Lage ist, sich selbst zu verteidigen, wohl aber zu erkennen gibt, dass er eine Verteidigung wünscht. Verzichtet der Angegriffene aber ganz auf eine Verteidigung, ist Ihr Eingreifen strafbar (Körperverletzung).

Was nicht so einfach zu durchschauen ist, ist die Erforderlichkeit einer Notwehr, also der Einsatz der zur Verfügung stehenden Mittel, unter Berücksichtigung der notwendigen Dosis.

Sinnbildlich ist damit gemeint:

“Nicht mit Kanonen auf Spatzen schießen!”

Ausschlaggebend ist die Gefährlichkeit des Angreifers und die Voraussetzungen des Angegriffenen.

Von geübten Kampfsportlern fordert man besondere Übersicht beim Einsatz von Verteidigungstechniken und in der Beurteilung der gesamten Notwehrsituation.

Einer Warnung - “Achtung, ich betreibe Kampfsport” – bedarf es jedoch nicht.

Auch ist in den Augen der Gesetzgebung eine Notwehr nicht erforderlich, wenn für den Angegriffenen die Möglichkeit zur Flucht bestanden hat.

Eine Flucht, die das Ehrgefühl des Angegriffenen verletzt, ist allerdings nicht zumutbar.

Der Dreh- und Angelpunkt sind hierbei das ansatzlose Treten und Schlagen. Das heißt, der Angreifer sollte in keiner Sekunde wahrnehmen, dass wir uns im Verteidigungs- beziehungsweise Angriffsmodus befinden. Unsere Muskulatur ist so lange locker und entspannt, bis wir Kontakt zum Gegner herstellen, ganz gleich ob durch einen Schlag, Tritt oder Haltegriff. Keine dieser Techniken darf durch ein unkontrolliertes Zucken von Schulter, Augen oder Hüfte angekündigt werden, und sie bringt ihre Kraft erst in letzter Sekunde zum Ausdruck.

Hwang, mein zweiter Meister, lehrte mich zu kämpfen und ich erkannte darin ein System, welches ich über die Jahrzehnte mehr und mehr verfeinerte und allgemein verständlich nutzbar machte.
Auch wenn man es vermuten könnte, verbirgt sich dahinter jedoch nicht wirklich ein System, sondern eher die systematische Vermeidung desselben. Denn wie in vielen Bereichen des Lebens, schränken Systeme jede Kreativität ein. Und genau davon lebt mein „Nicht“-System. Jeder soll damit lernen, seine individuellen Fähigkeiten maximal nutzbar zu machen.
Vielleicht sollte ich an dieser Stelle deutlich betonen, dass wir uns dabei leider auch von ein paar alten, liebgewonnenen Mythen verabschieden und unseren Fokus auf unser Innenleben richten müssen. Erst wenn wir verstehen, wie wir funktionieren, können wir uns gegen einen Angreifer behaupten.

Wir befassen uns deshalb ausschließlich damit, wie wir den Gegner besiegen können und dies schnell, präzise, wirksam.
An dieser Stelle sage ich noch einmal ganz deutlich: Mein System, das keines ist, stellt keine neue Kampfsportart dar, sondern zeigt lediglich, wie man sich eine effiziente mentale Kraft aneignet. Ich habe damit das Rad nicht neu erfunden, sondern lediglich ein paar Stützräder angebracht.
Was reine Blocktechniken betrifft, so haben diese bei einem Straßenkampf selten eine Bedeutung. Einen Schlag abzuwehren ist bei ehrlicher Betrachtung reine Glückssache, denn es kommt darauf an, wie schnell der Angreifer ist, und wie gefasst wir auf seinen Angriff reagieren.

Deshalb gibt es nur zwei logische Rückschlüsse.

Angriff ist die beste Art der Verteidigung – Aktion anstatt Reaktion!
Sollte es uns nicht gelingen, den ersten Schlag zu platzieren, müssen wir darauf achten den Schlag des Angreifers so abzufangen, dass wir ihn kontrollieren können.

AUS DIESEM GRUND BEACHTE ICH FOLGENDE PRINZIPIEN:

- Ich stehe mit meinem starken Fuß und meiner starken Hand vorne.
- Ich atme möglichst fließend und ruhig. Ich habe den ersten Schlag.
- Falls der Gegner vor mir angreift, folgt mein Schlag zumindest gleichzeitig.

- Es gibt kein Zögern, da die Situation ausweglos ist. Dies habe ich zuvor ausgiebig abgeklärt.
- Wenn ich ihn ablenken muss, um mir eine Lücke zu verschaffen, führe ich diese Ablenkung hart aus, damit sie auch Wirkung zeigt. (Oftmals gibt der Gegner dabei schon auf, da er erkennt, mit wem er es zu tun hat).
- Ich setzte alles daran, den Kampf innerhalb von 3 Sekunden zu beenden. Alles, was darüber hinausgeht, ist unnötig riskant und schmerzhaft.
- Ich kontrolliere die Situation, in dem ich das Tempo, die Kraft und Härte vorgebe.
- Wenn es vorüber ist, kümmere ich mich um den Verletzten, sofern mir durch seine etwaigen Komplizen keine weitere Gefahr droht. Ansonsten verlasse ich den Ort des Geschehens und rufe die Polizei und oder den Rettungsdienst.

Außerdem:

- Beobachte ich, dass eine Person angegriffen wird, verschaffe ich mir kurz einen Überblick der gesamten Situation und greife ein. Entweder persönlich, oder ich rufe andere zu Hilfe.
- Ich gebe nicht nach, bevor das Opfer in Sicherheit ist.

Dies sind die ersten Hürden, die Sie nehmen müssen:

- Die Hemmschwelle abbauen.

Wenn Sie sich ernsthaft verteidigen wollen, kommen Sie an dieser Frage nicht vorüber:

„Bin ich mental überhaupt in der Lage, einen anderen zu schlagen?“
Die meisten meiner Trainingsteilnehmerinnen machten erst dann wirklich Fortschritte, wenn sie gelernt hatten, ihre Hemmschwelle zu überwinden. (Die Hemmschwelle zu einer körperlichen Auseinandersetzung liegt bei Frauen höher als bei Männern)

- Situation richtig einschätzen.

„Weiß ich, wann ein Kampf unausweichlich ist?“

- 100% Wissen, 10% Anwenden

„Bin ich mir darüber im Klaren, dass ich viele Techniken lernen muss, um letztlich meine persönlichen 3 – 4 Schläge, Tritte und Hebel perfekt anwenden zu können?“

- Das Prinzip der Notwehr verinnerlichen.

„Bin ich bereit, mein Wissen tatsächlich nur zur Selbstverteidigung einzusetzen?“

- Den Angreifer durchschauen

„Bin ich in der Lage meine Gefühle, meine Angst und meine Kontexte über einen etwaigen Aggressor zu kontrollieren, beziehungsweise zu wandeln?“

- Mentale Bereitschaft

„Bin ich bereit, komplexe psychologische Verhaltensmuster nachzuvollziehen?“

Erläuterung zu den vorgenannten Punkten:

1. Die Hemmschwelle abbauen

Aus meinen Selbstverteidigungstrainings, sowohl mit männlichen Teilnehmern, als auch weiblichen Teilnehmerinnen, habe ich folgende Erkenntnisse gewonnen:

Zu Beginn eines Kurses hatten nahezu alle Teilnehmer ein Problem damit, einen anderen zu schlagen.
Am Ende eines Kurses war sich jeder darüber im Klaren, dass er eine Hemmschwelle hatte (Selbsterkenntnis). 80% konnten diese überwinden, 19% waren unentschlossen, und 1% hatte sogar Freude dabei empfunden, einen Angreifer zu verletzten. (Letztere habe ich für weiterführende Kurse gesperrt, da diese Gruppe von Menschen nicht die notwendigen ethischen Voraussetzungen mitbringen).

Da ich keinen Einfluss darauf habe wer mein Buch liest, muss ich jetzt davon ausgehen, dass Sie zu den 99% gehören.

Ihre Hemmschwelle überwinden Sie am besten durch

- Sandsacktraining
- Pratzentraining (Boxen auf Schlagpolster)
- Bruchtests (fangen Sie mit einfachen Gegenständen an, bei denen die Verletzungsgefahr gering ist)
- Partnerübungen
- Visualisierung einer Notwehrsituation durch bewusste Emotionshygiene: Wahrnehmen von Angst. Wandlung der Angst in mutiges Gedankengut (keinen blauäugigen Übermut, wohlgemerkt)

Mögliche Affirmationen zur Überwindung der Hemmschwelle:

„Ich agiere und übernehme die Führung".
„Ich verteidige mich mit voller Kraft"

2. Situation richtig einschätzen.

Wie bereits gesagt, am besten ist es, einen Kampf zu vermeiden. Flucht sollte immer Ihre erste Wahl sein.
Deeskalation steht im Vordergrund.
Um die Lage und den Gegner richtig beurteilen zu können, sollten Sie den Grund des Angriffs in Erfahrung bringen.

- Ist er finanzieller Natur? Will der Täter Ihr Geld, Ihr Auto, oder sonstige Wertgegenstände?
- Ist es ein sexueller Übergriff?
- Geht es um Rache?
- Will der Angreifer sein Ego aufpolieren? Usw.

Aus welchem Grund auch immer, halten Sie unbedingt Augenkontakt. Je öfter Sie dies im Training üben, desto größer wird Ihr Blickwinkel.

Mögliche Affirmation:

„Mein Gegner ist vielleicht stark, aber ich werde mir von ihm nichts gefallen lassen".

Fragen zur Selbstkontrolle:

Atme ich richtig? Sorgen Sie dafür, dass Ihr Atem fließt. Bewusst durch die Nase ein- und durch den Mund wieder ausatmen.
Sind meine Schultern locker? Auch hier hilft richtiges Atmen. Stehe ich so, dass ich mit meinem starken Fuß, bzw. meiner starken Hand sofort schlagen könnte, ohne dafür mein Gewicht verlagern zu müssen? Dabei liegt das Gewicht auf dem hinteren Bein, die starke Hand und der starke Fuß sind vorne.
Wo bietet mir der Gegner Lücken? Prüfen Sie dessen Schwachpunkte und legen Sie sich ihre Angriffsstrategie zurecht und handeln entsprechen. Seien Sie kein Held, sondern ein Pragmatiker.

3. 100% Wissen, 10% Anwenden

Üben Sie alle Ihre Techniken solange, bis Sie sie im Schlaf beherrschen. Dann streichen Sie 90% aus Ihrem Repertoire und konzentrieren sich auf diese Essenz.

4. Das Prinzip der Notwehr verinnerlichen.

Erst wenn es keinen Ausweg mehr gibt, wird gekämpft. Aber dann richtig, ohne zu zögern.

Im Grunde genommen hasse ich den Gedanken ans Kämpfen und vermutlich geht es Ihnen auch so. Aber dennoch bleibt uns manchmal keine andere Wahl. Vielleicht können Sie sich damit etwas trösten.
Was Sie aber ganz sicher beruhigen wird ist die Tatsache, dass Sie mit ziemlicher Sicherheit nicht kämpfen müssen, sobald Sie der typischen Opferrolle entkommen sind. Wenn Sie mit Ihrem ganzen Wesen Entschlossenheit ausstrahlen, spürt ein mutmaßlicher Täter sofort, dass es klug wäre, Ihnen aus dem Weg zu gehen. Damit Sie dies im Notfall auch können, müssen Sie allerdings üben.

5. Den Angreifer durchschauen

Denken Sie immer daran: Auch er kocht nur mit Wasser.
Machen Sie kurz Inventur, indem Sie seine Statur betrachten. Ist er groß, kräftig, schlaksig, leicht, schwer, gedrungen, usw. Dann suchen Sie in seinen Augen: Ist sein Blick kalt, rachsüchtig, brutal, sanft, unsicher, ängstlich, usw.

Hat er Waffen? Wenn ja, welche und wie hält er diese? Wie können Sie ihn entwaffnen?
Letzteres hat höchste Priorität und duldet definitiv kein Zögern. Auch gilt nochmal: Wenn möglich weglaufen. Falls eine Flucht unmöglich ist, müssen Sie ihn so verletzen, dass er die Waffen nicht mehr gegen Sie einsetzen kann.

6. Mentale Bereitschaft

Spätestens jetzt müssen Sie sich überwinden, ob Sie dies wollen oder nicht. Bringen Sie all Ihren Mut auf und lassen Sie sich unter keinen Umständen Ihre Emotionen anmerken. Glauben Sie mir, Angst ist in dieser Situation vollkommen normal, doch lassen Sie sich von ihr nicht beherrschen. Sie sind nicht Ihre Angst, Sie fühlen sich nur ängstlich. Das ist ein großer Unterschied.

GEISTIGE INVENTUR

- Ich habe Angst vor einer Notwehr-Situation!

- Das Unterbewusstsein und seine Funktionsweise

- Verhaltensregeln

In einer Notwehrsituation erhöht sich die Pulsfrequenz bei allen Menschen.
Der Körper schüttet große Mengen Adrenalin aus, wodurch schon einmal die Knie weich werden können,

Schweiß auf die Stirn tritt, und auch die Stimme versagt.
Das Adrenalin ruft bei unerwarteten, plötzlich auftretenden Gefahren Angst hervor. Nun, Angst ist ja zunächst nichts Negatives. Im Gegenteil, Angst versetzt uns in die Bereitschaft, in gewissen Situationen intuitiv zu reagieren, Vorsicht walten zu lassen, zu fliehen oder zu kämpfen – schlichtweg zu überleben.
Die Muskeln und alle Sinne sind dann aufs Äußerste gespannt. Schmerzen werden nicht mehr so stark wahrgenommen - wir sind bereit zum Kampf.
Durch dieses körpereigene Alarmsystem sind wir in der Lage, Risiken zu erkennen und unser Verhalten entsprechend zu beeinflussen.
Auch wenn wir uns darüber im Klaren sind, dass die Angst ein Produkt unserer phantastischen Schöpfung ist und uns keineswegs schadet, betrachten wir die auftretenden Symptome im Moment des Angstzustandes eher als ein körperliches Versagen, als ein Geschenk Gottes.
Natürlich ist es unangenehm, im Gefahrenmoment von lähmender Angst gepackt zu werden. Der wahre Grund für dieses “Ohnmachtsgefühl” hat allerdings einen klaren Ursprung.
Mangelndes Wissen im Umgang mit Situationen wie einer Notwehr, blockiert uns regelrecht und nimmt uns die Energie zum Handeln. Leider bin ich nicht in der Lage, Ihnen auf Knopfdruck diese Art von Machtlosigkeit zu nehmen, aber ich kann Ihnen praktische Tipps geben, wie Sie ein selbstbewussteres Auftreten erlangen, durch welches allein Sie der typischen “Opferrolle” entkommen oder aber in die Lage versetzt, sich im unausweichlichen Notfall effektiv zu verteidigen.

Natürlich erfordert dies Ihre Mitarbeit und die Bereitschaft, sich für eine neue, bislang vielleicht vollkommen unbekannte Denkweise zu öffnen.

Zurück zur Angst. Angst haben wir doch eigentlich immer nur dann, wenn wir unerwarteten, fremden Situationen gegenüberstehen.

Ich erinnere mich noch gut an meine Kindheit, als mich mein Vater in den Keller schickte, um ihm eine Flasche Bier zu holen.

Der dunkle, furchterregende Keller, Herberge unzähliger Dämonen, ließ mir das Blut in den Adern gefrieren.

Langsam stieg ich hinab in die Welt des Grauens. Mein Körper bebte, die Beine wurden schwach und mein Herz klopfte wild in meiner schmächtigen Brust.

Alle Sinne waren zum Bersten gespannt. Nachdem ich die Bierkiste erblickte, griff ich nach der erstbesten Flasche und lief, so schnell ich konnte, wieder nach oben. Ich war gerettet.

Natürlich war dies nicht das letzte "Kellererlebnis" bei dem ich Bekanntschaft mit der Angst machte. Doch irgendwann lernte ich, dass mich im Keller keine Gefahr erwartete und die Angst war gebannt.

Das soll natürlich nicht heißen, dass dieses Erlebnis mit einem Angriff auf der Straße zu vergleichen ist, wobei durchaus einige Parallelen bestehen, die sich auf den folgenden Seiten aufklären werden.

Nehmen wir mal zum Beispiel das Kleinkind, das ohne Hilfe der Mutter nicht in der Lage ist, einige Schritte zu gehen.

Nur an ihrer schützenden Hand ist es bereit, das Risiko des Laufens auf sich zu nehmen.

Sobald die Mutter loslässt bekommt es Angst, verliert das Gleichgewicht, und fällt auf den Boden, der es dem Kind dann wieder ermöglicht, in der bekannten Krabbelmethode sicher und ruhig vorwärts zu kommen.
Denken Sie beim Gehen noch darüber nach, wie das Gehen eigentlich funktioniert und welche Mühen und Ängste Sie überwunden haben, um es zu erlernen?

Wahrscheinlich nicht, stimmt's?
Obwohl es in der heutigen Zeit lebensgefährlich sein kann, eine Straße zu Fuß zu überqueren.
Doch trotz der Verkehrsdichte und Hektik in unseren Städten bewegen wir uns durchaus sicher und selbstbewusst.
Und das nur deshalb, weil wir allein in der Lage sind, uns vor dem Straßenverkehr zu schützen und wissen, dass unsere angelernte Technik des aufrechten Gehens ohne darüber nachzudenken funktioniert.

Verlangte man aber heute von Ihnen, mit einer Rakete zum Mond zu fliegen, würde Ihnen Ihr mangelndes Wissen bezüglich der Raumfahrt, sofort den Schweiß aus den Poren treiben.
Jede neue Aufgabe ruft ein unangenehmes Gefühl in uns wach, welches sich tatsächlich bis zur Panik steigern kann.
„Wenn wir unsere Komfortzone verlassen, begeben wir uns mit wackligen Beinen in die Lernzone. Nachdem wir genügend gelernt haben, wird diese zur Wachstumszone, bis daraus irgendwann wieder eine Komfortzone wird".
Im Falle eines Angriffs auf unsere Person, durchlaufen wir diesen Zyklus innerhalb weniger Sekunden.

Wenn Sie Selbstverteidigungstechniken auf die gleiche Weise lernen, wie ein Baby es lernt, sein Fläschchen zu halten, erweitern Sie auf ganz natürliche Weise Ihr Repertoire an Bewegungen und stärken Ihre Gewissheit, sodass das Erlernte Ihnen in Gefahrensituationen instinktiv zu Hilfe kommt. Wie man diese Techniken richtig verinnerlicht und unauslöschlich im Unterbewusstsein verankert, behandeln wir etwas später.
Zunächst sollten Sie sich frei von dem Gedanken machen, dass eine körperlich schwächere Person gegen einen stärkeren Angreifer keine Chance hat.
Denn die wahre Kraft kommt aus dem Geist. Und da ist beispielsweise eine Frau, ein Kind oder älter Mensch, keineswegs benachteiligt.
Gerade was Frauen betrifft, musste ich in der Schule oft mit ansehen, wie Eltern ihre Töchter beeinflussten: “Hör auf, dich mit den Jungs zu prügeln. Die sind dir doch kräftemäßig überlegen. Spiel lieber mit deinen Puppen, wie es sich für ein anständiges Mädchen gehört!”

Genau wie: “Frauen und Fußball!? Das ist ein Unding!”
Aber auch hier haben die Damen längst bewiesen, dass Sie sehr wohl in der Lage sind, dieses „Männerspiel” zu beherrschen, auch wenn Damenfußball bei weitem nicht die Akzeptanz gefunden hat, die Sie verdient.
Sogar in einer Männerdomäne wie dem Kick-Boxen, fahren Frauen beachtliche Erfolge ein.
Blicken wir nun auf das “Spielfeld Straße”, stellen wir fest, dass die Frau nur zu leicht in die Opferrolle zurückfällt. Das Klischee vom “Schwachen Geschlecht” ist derart verbreitet, dass es sogar von den Betroffenen selbst als scheinbar unabänderlich akzeptiert wird.

Warum ein Mann sich die Frau als Opfer auswählt, ob aus unkontrollierten Trieben oder um sich ihrer Handtasche zu ermächtigen, wollen wir mal beiseitelassen.
Die Tatsache, dass täglich Überfälle auf weibliche Personen verübt werden soll Anlass genug sein, Ihnen das nötige Rüstzeug für eine erfolgreiche Selbstverteidigung zu vermitteln. Bevor wir jedoch beginnen, die Verteidigungstechniken zu verinnerlichen, müssen wir eine geistige Basis schaffen, die es Ihnen überhaupt erst ermöglicht, im Ernstfall richtig zu agieren, beziehungsweise reagieren. Hierfür ist es notwendig, alle bisherigen geistigen Programmierungen neu zu gestalten.

Das kann an ein paar Beispielen so aussehen:

Altes Programm

- Ich habe Angst! Ich kann nicht!
- Eine Frau ist schwächer als ein Mann! Gegen einen Angriff ist man doch machtlos!
- Ich bin nervös!
- usw.

Neues Programm

- Ich lasse mir nichts gefallen!
- Ich kann im Notfall hart sein!
- Ein Mann ist wohl stark, aber ich habe den Willen und die Stärke, mich zur Wehr zu setzen!
- Ich weiß, dass mir meine innere Kraft hilft! Ich werde von Tag zu Tag gelassener!

Sie sehen, alle negativen Gedanken kann man durch positive ersetzen. Das bedeutet nicht, dass unangenehme Dinge einfach verdrängt werden, indem man alles nur noch durch die rosarote Brille betrachtet. Eine Positive Denkweise hilft uns eher, anfallende Probleme zu bewältigen, anstatt mutlos vor ihnen wegzulaufen. Der Sinn der Umprogrammierung ist jener, entmutigende, destruktive Gedanken durch aufbauende abzulösen.
Wie könnte ein Boxer in den Ring steigen, wenn er vor dem Kampf davon überzeugt ist, zu verlieren?
Es lässt sich natürlich nicht von heute auf morgen bewerkstelligen, langjähriges Gedankengut zu verändern, aber es ist ein ausschlaggebender Teil der zu lösenden Aufgabe.
Die beste Technik wird scheitern, wenn wir von deren Wirkung nicht
voll und ganz überzeugt sind und uns die Gewissheit fehlt, diese im Notfall auch einsetzen zu können.

Auf rationaler Ebene werden Sie hier wohl kaum eine Antwort finden.
Nur ein stetig reifender Umdenkprozess, mit dem Wissen über die Arbeitsweise Ihres Unterbewusstseins, wird Ihnen das benötigte Selbstvertrauen bringen, jegliche Hürden meistern zu können.

PHILOSOPHISCHE GEDANKENSPIELE FÜR INNEREN FRIEDEN

Um inneren Frieden zu erlangen kann es hilfreich sein zu versuchen, die Welt aus neutraler Sicht zu betrachten. Dazu muss man sich erst einmal bestimmte Fragen stellen und die jeweiligen Antworten auf sich wirken lassen. Wie zum Beispiel:

Gibt es Gut und Böse?
Wenn ja, wieviel Prozent davon bezeichnen wir als gut, und wieviel als böse?
Sobald wir versuchen einem von beiden die Mehrheit zuzuschreiben, verlassen wir unsere neutrale Position. Wir vertreten dann eine Meinung, von der wir annehmen, dass sie wahr ist, und fördern damit entweder das Gute oder das Böse.

Aber, was ist eigentlich gut, und was ist böse?
Als Individuum wird es uns vermutlich nie gelingen, den “Plan” der Welt/der Schöpfung zur durchschauen. Wäre es dann nicht klüger zu sagen:

“Ich erkenne an, dass es beides gibt, und auch ich sämtliche Aspekte
in mir trage?” Jeder hat die Wahl, das aus seiner Sicht Richtige zu
tun.

Ist es wichtig eine Meinung zu haben?
Dabei muss man sich zunächst einmal fragen, was der Begriff Meinung überhaupt bedeutet. Im Grunde

genommen braucht nur derjenige eine Meinung, der nichts mit Sicherheit weiß. Denn objektive Fakten brauchen keine Meinung. Der Gegensatz von einer Meinung ist Wissen. Im Umkehrschluss heißt das, wenn ich eine Meinung vertrete zeige ich offen, dass ich lediglich mutmaße, also auf Verdachtsebene argumentiere.
Meine Gegenfragen lauten deshalb: Warum sollte es wichtig sein, eine Meinung zu haben? Wem würde das dienen?
Sind Meinungen nicht erst die Ursache für Streit, Unwohlsein und Krieg? Eine Meinung zu vertreten ist genauso sinnvoll, wie sich darüber zu streiten, ob das Blatt der Rose grün oder blau ist.

Was könnte demnach wichtiger sein, als eine Meinung zu haben?

Die Fähigkeit Empathie, Hoffnung und Liebe zu empfinden!

Aus Meinungen entstehen Moral, Dogma und Krieg.
Aus Empathie, Hoffnung und Liebe, entstehen Ethik, Verständnis und Frieden.

Ist es dann überhaupt richtig, sich mit Kampfkunst zu beschäftigen? Sollte man seine Zeit nicht eher damit verbringen, Bäume zu pflanzen und sich um benachteiligte Menschen zu kümmern?
Wenn man die Gesetze der Evolution als unumstößliche Wahrheit anerkennt, kann man alles, wie zum Beispiel Gut und Böse, Recht und Unrecht, Erfolg und Misserfolg, als Resultate vorangegangener Taten sehen, ohne jemandem dafür die Schuld

zuzuweisen. Der zweite Schritt besteht dann darin, damit aufzuhören einen Schuldigen zu suchen, und stattdessen die Verantwortung für eben diese Ergebnisse zu übernehmen.

Gehen wir davon aus, dass es im Sinne der Evolution ist, wenn wir unser eigenes Leben und das unserer Mitmenschen im Notfall beschützen, kann man auch Kampftechniken im Kontext der Liebe sehen.

Mit dem Erlernen einer Kampfkunst lernen wir auch uns selbst kennen. Und wenn wir wissen wer wir sind und welchen Wert wir haben, können wir auch andere mit Respekt behandeln.

WARUM IST DAS EGO UNSER GRÖSSTER FEIND?

„Weil sich das Ego seiner Existenz nicht bewusst ist! Und wir glauben, dieses Ego zu sein!"

Für die meisten Menschen ist das Ego gleichgesetzt mit dem „Ich", woraus die Fehlwahrnehmung entsteht „Ich bin mein Ego". Sie erkennen nicht, dass das Ego nur ein weiterer unbewusster Teil ihres Unbewussten ist.

Wenn wir unserem Ego die Führung über unser Leben übertragen, endet es meist in einem Fiasko. Ganz gleich in welcher Lebenssituation wir uns gerade befinden, alles wird dann über kurz oder lang in einem Kampf enden.

Das kommt daher, dass das Ego dafür da ist unseren Körper zu beschützen, ihn vor Schaden zu bewahren. Und dennoch liefert es ihn auch den größten Gefahren aus.

Eigentlich müsste man das Ego als geisteskrank einstufen, denn das ist es in der Tat.

Es ist in Männern besonders aktiv, und da Männer über eine viel größere Muskelkraft als Frauen verfügen, macht Sie dies zu gefährlichen Weggefährten.
Das Ego ist aber auch der Meister des Vergleichens und des Soufflierens aufreizender und aufheizender Parolen:
„Du bist ein Feigling“ „Du bist ein Weichei“ „Der andere ist viele stärker, schlauer, schneller als du“. Das Ego erhitzt die Gemüter und will sie unter allen Umständen voneinander trennen. „Entweder bist du mein Freund, oder mein Feind“.
Es kennt nur Schwarz oder Weiß, keine weiteren Nuancen. Hass oder Liebe, Tod oder Leben. Das Ego hasst auch das Mittelmaß. Es will gewinnen, auf Teufel komm raus. Und wenn es nicht gewinnt, sinnt es nach Rache. Es fühlt sich verletzt, erniedrigt, schwach, verhöhnt, klein, dumm, unterlegen, übermächtig, unschlagbar, unsterblich. Es kann aber auch andere dazu bringen, dass Sie in dieser Form über Sie denken. Ein Ego kennt keine Freunde, ist aber durchaus in der Lage Freundschaft vorzugaukeln. Zumindest so lange, bis es den anderen besiegt hat. Wenn zwei Egos miteinander kämpfen, gibt es keine Rettung. Prüfen Sie in einer Notwehrsituation deshalb als erstes ob, in welcher Form auch immer, ein Ego aktiv ist. Entweder Ihr eigenes oder das Ihres Gegners. Um das Ego in seiner ganzen Tiefe zu erkennen und seine Funktionsweise zu begreifen, bedarf es jedoch mehr Wissen, und dies zu erläutern würde den Rahmen dieses Buches sprengen. Deshalb beschränke ich mich jetzt auf ein paar simple, leicht nachvollziehbare Beispiele. Wenn Sie sich wirklichen kennenlernen wollen, kommen Sie an diesem Thema nicht vorbei. Lesen Sie Bücher, die sich damit befassen und

wachsen Sie an den Erkenntnissen, die Sie dabei gewinnen.

In Kurzform kommen Sie bei der Beantwortung der folgenden Fragen ihrem Ego am besten auf die Schliche.

Frage 1: Fühle ich mich durch diese Person nicht nur bedroht, sondern auch erniedrigt?

Ihre Antwort 1: Ja

Erklärung 1: Die Situation ist ernst, und Ihr Ego offenbar beteiligt. Warum sonst könnte es ihm gelingen, Sie zu erniedrigen. Ihr wahres Selbst ist unantastbar und lässt sich von keinem Menschen der Welt bewerten, einstufen, erniedrigen, oder sonst etwas.

Frage 2: Habe ich Angst mich zu blamieren, falls ich mich beim bevorstehenden Kampf ungeschickt anstelle?
Ihre Antwort 2: Ja, irgendwie schon.

Erklärung 2: Auch hier ist Ihr Ego im Spiel. Machen Sie sich klar, dass es jetzt nicht um Perfektion geht, sondern ums Überleben. Schöne Kämpfe gibt es nur im Film. Auf der Straße zählt nur die Rettung Ihres Lebens.

Lassen Sie uns nun damit beginnen, mit einfachen Übungen an Ihrer Beweglichkeit zu arbeiten.
Auch wenn Sie morgen vielleicht Muskelkater haben werden, und die Sehnen noch kürzer geworden zu sein scheinen, bleiben Sie am Ball.
Körperliche Fitness und eine psychische Ausgeglichenheit sind die Garanten für ein selbstbewusstes Auftreten und, wie Sie nun bereits wissen, die solide Grundlage für eine gute Außenwirkung und damit erfolgreiche Selbstbehauptung.

FUNKTIONSWEISE DES UNTERBEWUSSTSEINS

Leider verlor das Unterbewusstsein im Zeitalter der Industrialisierung immer mehr an Bedeutung, sein Anteil an den Handlungen und Reaktionen der Menschen, nahm dabei jedoch erheblich zu.
Der Mensch wurde ein Teil der arbeitsamen Gesellschaft und musste ganz einfach funktionieren, als kleines Zahnrad in einer gewaltigen Maschinerie.
Bei einer schnell fortschreitenden Entwicklung der Technik, war er schlichtweg gezwungen mitzuhalten.
Hektik, Stress und Erfolgsdruck verlangten und verlangen noch heute ihren Tribut. Kein Wunder, dass das "Wunder Mensch" der Pharmaindustrie jährlich Umsätze in Milliardenhöhe verschafft und Unmengen von Alkohol vernichtet.
Diesen Prozess zu erkennen, geschweige denn ihn zu verlassen, ist natürlich nicht einfach.
Nachdem man vor einigen Jahren erkannt hatte, dass diese gesamte Entwicklung erhebliche gesundheitliche

Schäden nach sich zog, besann man sich allerdings wieder auf alte, traditionelle Methoden der Heilkunde. Homöopathie, Autogenes Training, Meditation und Yoga erlebten eine wahre Renaissance, auch wenn die Schulmediziner nach wie vor die Symptome der Stresseinwirkung pharmazeutisch behandelten.
Mit Sicherheit finden Sie auch in Zukunft Abnehmer, die den leichten Weg der Problemlösung beschreiten, nämlich die Einnahme von Antidepressiva und Beruhigungspillen.
Trotz allem sieht man immer häufiger Personen aus den mittleren und oberen Gesellschaftsschichten in Fitnessstudios und Yoga-Kursen. Leider ist dieser Trend - hin zur Gesundheit durch einen natürlichen Lebensstil - in den unteren Gesellschaftsschichten nicht so stark ausgeprägt.
Zu erklären warum dies so ist, überlasse ich jedoch lieber den Psychologen.
Aus meiner Praxis als Trainer kann ich aber bestätigen, dass jeder in der Lage ist, sein Unterbewusstsein, sprich seine UR-KRAFT zu aktivieren, auch - oder gerade auf dem Gebiet der Selbstverteidigung, gleich welchen Alters, Körperbaus, Geschlechts oder Schulbildung.
Das Unterbewusstsein kann man mit einem großen Archiv vergleichen, in dem sämtliche Informationen, die im Laufe Ihres Lebens auf Sie einwirken, neutral registriert werden. Es unterscheidet nicht zwischen Gut und Böse, negativ oder positiv.
Dem Unterbewusstsein ist es egal was wir denken. Die gespeicherten Daten wirken sich hin und wieder auf unseren Verstand aus, welcher eine gewisse Mittlerfunktion zwischen unserem unbewussten und unserem bewussten Wahrnehmungsbereich ausübt.

Zum Beispiel werden traurige Erlebnisse, wie der Tod eines Familienmitgliedes, auch noch nach Jahren wieder bewusst erlebt.
Beängstigende Situationen, die schon lange Zeit zurückliegen, kommen wieder ans Tageslicht.
Am intensivsten erinnern wir uns an Geschehnisse, die besonders stark mit Emotionen unterlegt sind.
Da das Unterbewusstsein selbst keine Bewertung unseres Gedankenguts übernimmt, können wir anhand von gefühlsbetonten Informationen die "Qualität" der zu speichernden Eindrücke bewusst beeinflussen. Der Mensch ist also tatsächlich, was er denkt.
Sind unsere Gedanken überwiegend positiv, stehen wir in einem freundlichen Dialog zu unserem Unterbewusstsein.
Befinden sich im Unterbewusstsein 49% negative Gedanken und Erlebnisse, und 51% positive, überwiegt der positive Teil. Dadurch fließen gute Empfindungen aus dem Unterbewusstsein zurück ins bewusste Erleben. Das hat zur Folge, dass Sie sich wohl und ausgeglichen fühlen. Sie haben also die Wahl, ob Sie Ihre Gedanken mit positiven oder negativen Impulsen zur Ablage an Ihr Archiv weiterleiten.
Natürlich können wir gegen Schicksalsschläge wenig ausrichten, aber unseren täglichen Eindrücken können wir immer zwei Seiten abgewinnen. Das hängt von der Grundeinstellung eines jeden Einzelnen ab.
Was ich Ihnen nun empfehle, haben Sie sicher schon oft gehört, doch ich möchte es dennoch nicht versäumen es zu wiederholen.

Programmieren Sie Ihr Unterbewusstsein spaßeshalber ein paar Wochen lang bereits beim Aufwachen in folgender Weise:

- Heute ist ein herrlicher Tag (auch wenn es regnet)

Hier passt ein Zitat von Karl Valentin:

„Ich freu mich, wenn es regnet. Denn wenn ich mich nicht freue, regnet es auch".

- Ich bin in der Lage, mir mein optimales Leben im Geist vorzustellen.
- Ich freue mich auf meine Arbeitskollegen (auch wenn Sie den ein oder anderen bisher nicht sympathisch gefunden haben)
- Es geht mir von Tag zu Tag besser
- Ich bin gesund und lebensfroh

Sprechen Sie mit niemandem über Ihre inneren Dialoge. Versuchen Sie sich bei negativem Klatsch am Arbeitsplatz herauszuhalten.
Schon bald werden Sie feststellen, dass sich Ihre Laune, Ihr ganzes Wesen und die Beziehungen zu anderen Menschen verbessern.
Positive Gedanken lassen sich nur noch steigern, indem man diese mit echten Gefühlen unterlegt. Das lässt sich am besten durch stimmungsvolle Bilder erreichen, die man vor seinem geistigen Auge formt und in der gleichen Art genießt, als wären Sie Realität.

Diese Bilder sind erfahrungsgemäß die fruchtbarste Nahrung für das Unterbewusstsein. Auch hierfür bedarf es einiger Übung. Oftmals höre ich zu diesem Vorschlag:

“Das schaffe ich nicht. Ich kann mich nicht konzentrieren”.
Lassen Sie dieses NEIN bitte nicht gelten. Man kann alles, wenn man es wirklich will und fest daran glaubt, es erreichen zu können.
Versetzen Sie sich (in der Anfangsphase der Umprogrammierung am besten vor dem Einschlafen) gedanklich an einen wunderschönen Ort Ihrer Wahl. Vielleicht an einen herrlichen Strand mit kraftvoller Brandung oder auf einen Berggipfel in wohltuender Ruhe und frischer Luft. Legen Sie all Ihre Gefühle hinein. Genießen Sie den Augenblick.
Riechen Sie Ihre Umgebung. Fühlen Sie den Boden, auf dem Sie stehen, liegen oder sitzen. Spüren Sie die angenehme Wärme der Sonne, wie Sie Ihre Haut berührt, usw.
Ihr Geist wird sich entspannen und Sie in einen gelösten, behaglichen Zustand und erholsamen Schlaf fallen lassen.
Sollte es Ihnen zu Beginn schwerfallen, derartige Stimmungsbilder entstehen zu lassen, probieren Sie es mit einfachen Gegenständen, z. B. einem Tisch, einem Stuhl, einem Apfel, einer Banane.

Nun aber zurück zum Thema Selbstverteidigung.
Genau dieses Formen von Bildern, bis hin zu richtigen Filmen, können Sie beim Üben der einzelnen Techniken anwenden.

Schließen Sie dabei die Augen und fühlen Sie einen imaginären Angreifer, direkt vor sich.
Führen Sie exakt die Techniken durch, die für den jeweiligen erdachten Angriff geeignet sind.
Ihr Unterbewusstsein wird nun diese Informationen, d. h. Bewegungsabläufe speichern (nur bei häufiger Wiederholung).
Es gibt viele Kampfsportler, die durch jahrelanges körperliches Training zu wahren akrobatischen Leistungen fähig sind, aber die gelernten Techniken im Ernstfall nicht einsetzen können, da ihnen anhand einer fehlenden geistigen Basis die nötige Vorstellungskraft bzw. Selbstsicherheit fehlt.
Zur Herstellung dieser unbedingt notwendigen geistigen Basis, sollten Sie bei Ihrem Training möglichst viele Gefühle einbringen.
Ob Sie nun gegen einen imaginären Gegner kämpfen oder mit einem realen Trainingspartner üben, untermalen Sie jede einzelne Bewegung mit einem starken Gefühl von Ruhe und Sicherheit.
Auch wenn die Techniken anfänglich ein gewisses Maß an Konzentration und Durchhaltevermögen abverlangen, bleiben Sie gelassen und beharrlich.
Das Unterbewusstsein nimmt dann nämlich nicht nur Ihre Bewegungen, sondern auch Ihr Wohlbefinden und Selbstvertrauen auf.
Nur so wird aus einer rationalen Technik ein emotional unterstütztes Gebilde, das genau in der Art wieder ins Bewusstsein gerufen wird, sobald Sie es im Falle einer Notwehrsituation benötigen.
Sie werden dann schnell und besonnen handeln, da Sie Ihre Angst in Mut, und Ihre Hilflosigkeit in Selbstsicherheit "umprogrammiert" haben. Glauben

Sie an Ihre innere Kraft! Und vor allem, setzen Sie sich nicht unter Druck!
Freuen Sie sich auch über kleine Fortschritte! Lesen Sie Bücher zur Selbstvervollkommnung! Machen Sie sich täglich auf die Suche nach Ihrem wahren Selbst.

VERHALTENSREGELN

“Wir zeigen unsere Angst nicht, auch wenn wir innerlich noch so schlottern”.

Um erst gar nicht als “Opfer” in Betracht zu kommen, eignen Sie sich, falls noch nicht geschehen, ein selbstbewusstes Auftreten an.

Konzentrieren Sie sich voll und ganz auf Ihren Atem. Lassen Sie ihn ruhig fließen, kein Luftanhalten, keine Pressatmung. Üben Sie das zu Beginn, egal wo Sie gerade gehen oder stehen.

Blicken Sie den Menschen, die Ihnen täglich begegnen, freundlich und offen in die Augen. Dadurch machen Sie schon deutlich, dass Sie sich Ihrer Kraft bewusst sind. Mit dieser Haltung verschaffen Sie sich eine gute Ausgangsposition, nie als Opfer behandelt zu werden, ob bei der Arbeit oder auf der Straße. Unbewusst respektieren wir doch alle, selbstsichere Menschen weitaus mehr als jene, die sich immer nur als willenloser Spielball der Mächte sehen.

- Provozieren Sie die potentiellen Angreifer/Täter nicht. Dies kann durch eine übertrieben aggressive Haltung aber auch durch Zurschaustellen von materiellem Besitz geschehen.
- Meiden Sie möglichst abgelegene Orte, wie Parks, Nebenstraßen, Tiefgaragen, usw.
- Halten Sie sich an Orten auf, an denen sich Menschen befinden.
- Suchen Sie den Schutz der Gruppe.
- Laut sein ist die halbe Miete!

Kommt es dennoch zu einem Angriff auf Ihre Person, handeln Sie beherzt.
Ein Angreifer/Täter ist meist selbst auf Sicherhcit bedacht. Zum einen ist er nicht darauf erpicht, selbst Prügel zu beziehen, zum anderen möchte er nicht von der Polizei gefasst werden.

Deshalb sollten Sie bei einem Angriff laut um Hilfe schreien. Dies bedeutet nicht, dass Sie dabei regungslos dastehen, sondern aktiv die Selbstverteidigungstechniken einsetzen sollen.
Sind Passanten in unmittelbarer Nähe, sprechen Sie diese direkt an und fordern sie auf, Ihnen zu helfen. Oftmals lässt sich der ein oder andere doch dazu zu bewegen, unterstützend einzugreifen.
Auch hier gilt es wieder, dem Angreifer selbstbewusst in die Augen zu sehen.
Bedroht er Sie mit einer Waffe, geben Sie ihm die geforderten Wertgegenstände.
Lässt er durchblicken, dass er an materiellen Dingen kein Interesse hat, warten Sie auf eine günstige

Gelegenheit, um ihn mit den entsprechenden Techniken zu entwaffnen.
Agieren Sie immer mit voller Kraft. Sie müssen ihn verletzen, damit er von Ihnen ablässt!

Denken Sie daran, dass es sehr wahrscheinlich nur eine Chance gibt.
Das beste Mittel, einer körperlichen Auseinandersetzung zu entkommen, ist immer noch die Flucht. Wenn Sie also die Gelegenheit haben, laufen Sie um Ihr Leben.

Spielen Sie niemals den Helden!

Tauschen Sie sich mit Personen aus, die Kampfsport betreiben. Machen Sie sich deren Erfahrung zu Nutzen. Mit der Zeit entwickelt man ein Gespür für drohende Gefahr und kann ihr somit rechtzeitig aus dem Weg gehen.

KÖRPERLICHE VORAUSSETZUNGEN

Grundsätzlich spielt es bei der Selbstverteidigung keine Rolle, ob Sie die Beweglichkeit eines Akrobaten oder eher die Anmut eines Holzfällers besitzen.
Selbstverständlich ist es auch eine Frage des Alters, in welchem Maße Sie sich diese Form der Körperertüchtigung aneignen wollen oder können.
Tatsache ist aber, dass wir um ein gewisses Maß an Fitness nicht herumkommen. Keine Sorge, es gibt schonende Maßnahmen, um die Kondition auf ein individuelles Optimum zu heben, ohne die Gelenke und Wirbelsäule zu sehr zu strapazieren.
Schwimmen und Radfahren sind wohl Disziplinen, die man hier ohne weiteres nennen kann.

Anmerkung:

Zu Ihrer Sicherheit sollten Sie jedoch vor Beginn einer Trainingsphase einen Arzt aufsuchen, um etwaige gesundheitliche Störungen zu erkennen, die eine sportliche Betätigung möglicherweise verbieten.
Auch wenn es zur Durchführung der Verteidigungstechniken keiner überdurchschnittlichen Kondition bedarf, wirkt sie sich positiv auf Ihren Körper und Geist aus. Sie fühlen sich damit schon bald freier und zufriedener.
Allein dieses Gefühl verleiht Ihrer Erscheinung das gewisse Etwas und Ihr Selbstwertgefühl wird gestärkt.
Die Soldaten der Army müssen ein tägliches Training absolvieren, um ihren Körper auf den sogenannten "Tag X" vorzubereiten.

Damit die Befehlshaber sichergehen können, dass die Krieger sich auch tatsächlich in einem guten Zustand befinden, werden regelmäßig PT´s = Physical-Fitness-Tests durchgeführt. Schafft ein Soldat die Anforderungen nicht, befiehlt man ihm, mehr zu tun. Die Leistungsfähigkeit von uns Zivilisten überprüft leider (oder dem Himmel sei Dank) niemand.

Wann also haben wir nun zu viel oder zu wenig trainiert?
Machen Sie auf gar keinen Fall den Fehler und messen sich an anderen. Jeder Mensch hat andere Voraussetzungen, die sich nicht übertragen lassen.
Hören Sie deshalb auf Ihre innere Stimme. Ihr Gewissen ist hierbei der ehrlichste Berater. Aber aufgepasst, übertriebener Ehrgeiz ist oftmals Ursache eines bedrohlichen Zusammenbruchs.
Ja, auch dazu ist ein Gewissen in der Lage, das lange Zeit zum Schweigen gebracht wurde.
Kuchen, Süßigkeiten, andere angenehme Dinge des täglichen Lebens, und ganz deutlich gesagt, Faulheit, bewegen uns leider zu oft dazu, unseren treuen Berater (Gewissen) jämmerlich zu verschmähen.
Gedanken an sportliche Betätigung werden über einen langen Zeitraum verdrängt. Da das Gewissen aber sehr weise ist, wartet es auf eine Gelegenheit, um sich angemessen zu rächen.
Unerwartet, bei einem flüchtigen Blick in den Spiegel, der eine Bauchfalte oder, ein sich im Wachstum befindliches Doppelkinn widerspiegelt, ergreift ES plötzlich die Offensive.
Irrsinniger Trainingseifer bricht los. Gerne möchten wir uns für unsere zügellose Lebensweise entschuldigen und stürzen uns kopfüber in die bunte Welt des Sports.

Allein für die Absicht, wieder etwas für unseren Körper zu tun,
belohnen wir uns sogleich mit neuen, teuren Trainingsklamotten, die meist nach dem vorprogrammierten Kollaps, oder nach dem ersten ordentlichen Muskelkater, wieder ungenutzt im Schrank hängen.

Schnell verfallen wir wieder dem alten Trott.
Soweit muss es aber nicht kommen. Kommunizieren Sie täglich mit Ihrem Gewissen.
Gönnen Sie sich ruhig ab und zu ein Stück Sahnetorte, doch machen Sie danach auch eisern den vom Gewissen geforderten Verdauungsspaziergang.
Es spielt zunächst einmal keine Rolle wieviel Sie tun, sondern eher, dass Sie etwas tun, mit dem Wissen wofür.

Verwandeln Sie MÜSSEN in WOLLEN!

Es muss nicht gleich ein Marathonlauf sein. Alles beginnt mit dem ersten Schritt. Sobald man diesen freudig getan hat, folgt mit Begeisterung der nächste. Wie es weitergeht, bestimmen Sie ganz allein.
Eines garantiere ich Ihnen: Sobald Sie Lust auf Leistung haben, können Sie es nicht mehr abwarten, den Einsatz gemächlich zu steigern.
Die Erfüllung dieser Lust wird Ihre Anerkennung, Ihr Lob. Und dies hat keineswegs etwas mit Eigenlob zu tun, das nach dem Volksmund bekanntlich "stinkt", sondern ist vielmehr als eine aufbauende Entlohnung für Ihre getane Arbeit an Ihrer Person zu betrachten.

Für Ihre beruflichen Aktivitäten werden Sie monatlich bezahlt. Doch wenn Sie auf ein Lob von außen warten, im Hinblick auf Ihre sportlichen Errungenschaften, warten Sie womöglich vergeblich.
Nichts ist aufbauender als "echtes Lob". Und Sie selbst sind die einzige Person, die es am ehrlichsten mit Ihnen meint (zumindest sollte das so sein).
Also, lassen Sie nun alle negativen Stimmen außer Acht und konzentrieren Sie sich ausschließlich auf Ihr Wohlbefinden.
Schwimmen Sie meinetwegen heute 100m und begeben Sie sich danach erschöpft in die Umkleidekabine. Denken Sie dabei nicht an irgendwelche Vollblutsportler, die nach dieser Distanz noch nicht einmal richtig warm sind, sondern schenken Sie sich tiefe Anerkennung für diese Leistung und entschließen Sie sich, beim nächsten Mal 110m zurückzulegen.
Mit dieser behutsamen Technik, die auch "Technik der kleinen Schritte" genannt wird, holen Sie sich das Rüstzeug für eine gesunde und zufriedene Zukunft, ob in sportlicher, beruflicher oder privater Hinsicht.
So schaffen Sie sich auch die Basis für das bevorstehende Selbstverteidigungstraining.
Bei jedem Kurs werde ich auf meine "angeblich" gute Flexibilität schon fast bewundernd angesprochen (ich bin noch nicht an meinem persönlichen Ziel angelangt, aber ich wende ebenfalls täglich die Technik der kleinen Schritte an).
Oftmals entsteht bei mir dann der Eindruck, dass einige Kursteilnehmer (Männer und Frauen) bei Vergegenwärtigung ihrer eigenen Ungelenkigkeit

innerlich schon aufgeben, bevor Sie den ersten Schritt getan haben.
Doch nach Beendigung des jeweiligen Kurses nehmen gerade diese Skeptiker erfreut wahr, dass ihr Einsatz nicht umsonst war. Die Höhe des Erfolgs hängt natürlich von den individuell unterschiedlichen Grundvoraussetzungen und des persönlichen Aufwands ab.
Mein Wunsch ist es aufzuzeigen, dass jeder in der Lage ist, seine persönliche Leistungsfähigkeit zu steigern und sich dabei richtig wohl zu fühlen.
Wenn wir uns wohl fühlen, ist dies ein sicheres Zeichen dafür, dass wir eine Harmonie zwischen Körper und Geist hergestellt haben. Besuchen Sie ganz einfach eine Sportschule und geben Sie offen und ehrlich zu, dass Sie derzeit nicht in Bestform sind. Gerne werden Ihnen die meist gut ausgebildeten Trainer helfen, über die anfänglichen Startschwierigkeiten hinwegzukommen.
Übertreiben Sie nicht, und gönnen Sie sich Pausen, aber zwingen Sie sich unbedingt zum Weitermachen.
Es ist nicht schlimm, wenn man mal eine "faule Phase" hat, aber es ist hinderlich, darin zu verharren.

VITALPUNKTE - HIER TUT ES BESONDERS WEH!

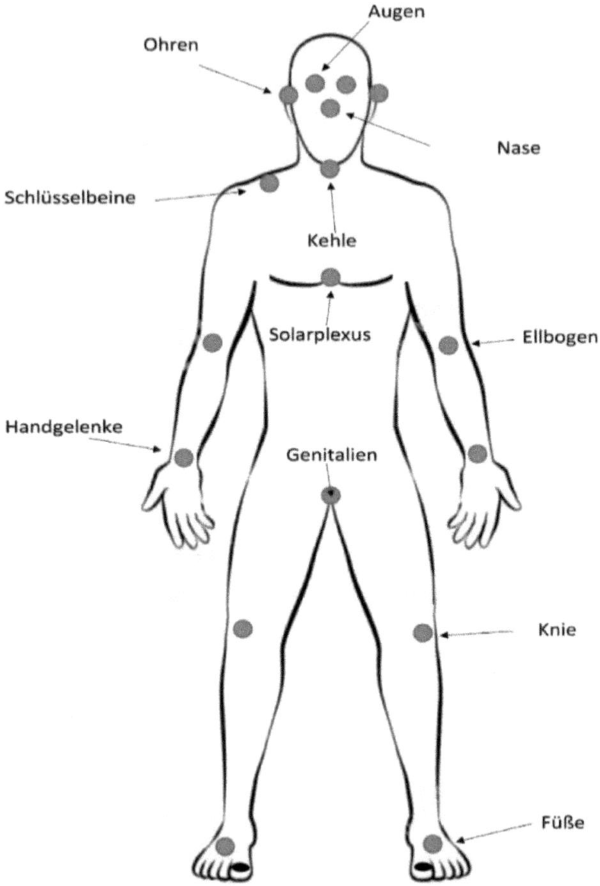

Am menschlichen Körper gibt es unzählige Stellen, die sehr schmerzempfindlich sind, häufig sind dies auch Vitalpunkte.
Wie das Wort "Vital" (lat.) schon aussagt, handelt es sich hierbei um lebenswichtige Punkte die, von einem Schlag getroffen, einen Angreifer davon abhalten, seinen geplanten Angriff weiterzuführen.

Allerdings lassen sich die meisten dieser Punkte nur schwer erreichen.
Deshalb möchte ich Ihnen an dieser Stelle nur diejenigen Zeigen, die auch für ungeübte Personen ein geeignetes Ziel darstellen.

Wie Sie anhand der gezeigten Verteidigungstechniken gesehen haben, gibt es eine Vielzahl möglicher Schläge und Tritte an die verschiedensten Stellen des Körpers. Das Erreichen dieser Stellen hängt natürlich von der Beweglichkeit und dem Können des jeweiligen Anwenders ab, und von der meist unterschiedlichen Notwehrsituation.
Man sollte sich also nicht darauf versteifen, unbedingt nach Befreiung aus einem Festhaltegriff, das Knie für die verletzende Abschlusstechnik einzusetzen. Möglicherweise ist ein Fauststoß zur Nase in diesem Fall effektiver und leichter auszuführen.
Seien Sie beim Üben deshalb kreativ und konstruktiv. Führen Sie die jeweilige Befreiungstechnik unbedingt korrekt durch (wie beschrieben), aber erkennen Sie das beste Ziel für die abschließende Technik.
Sollte auf einer gezeigten Verteidigungstechnik zum Abschluss das Knie eingesetzt werden, es Ihnen aber

leichter fallen würde mit der Faust zu kontern, benutzen Sie die Faust. Beginnen Sie von Anfang an, Ihren eigenen Stil zu finden.

Was Ihnen leicht fällt, prägt sich besser ein.
Aus diesem Grund verzichte ich auf festgelegte Methoden, die im Ernstfall ihre Wirkung eventuell verfehlen. Was Ihnen mit Sicherheit weiterhelfen wird, ist eine genaue Beschreibung der Vitalpunkte und deren möglicher Verletzungen bei einem Treffer.

Versuchen Sie beim Üben die einzelnen Punkte anzuvisieren.
So werden Sie bald mit den Techniken besser vertraut und in der Lage sein, diese sicher und selbstbewusst einzusetzen.
Auch ist das Wissen über die Folgen eines solchen Treffers ausschlaggebend für die richtige Beurteilung eines eventuellen Einsatzes. Denn schließlich dürfen wir ja, wie bereits zu Beginn gesagt, nicht mit Kanonen auf Spatzen schießen.

AUGEN

Die Augen sind ganz besonders schmerzempfindlich und leicht verletzbar. Bei einem gezielten Stoß, mit einer gewissen Härte ausgeführt, kann der Gegner schnell sein Augenlicht verlieren.
Denken Sie bitte an das Thema “Erforderlichkeit” einer Notwehr. Bevor Sie zu dieser Technik greifen, sollten Sie sich ein klares Bild über die Notwendigkeit deren Einsatz verschaffen.

OHREN

Ein kräftiger Zug an den Ohren kann den Angreifer dazu bewegen, seine Umklammerung zu lösen.
Auch ein Schlag auf die Ohrmuschel ist eine gute Möglichkeit, den Gegner auszuschalten. Denn dies führt bei ihm zum kurzzeitigen Verlust der Orientierung, kann allerdings unter Umständen auch das Trommelfell beschädigen.
Achten Sie darauf, dass bei einem Schlag dieser Art Ihre Finger eng aneinander liegen und die Hände zu einer Mulde geformt werden. Das dadurch entstehende Luftpolster verstärkt die Wirkung.

NASE

Die Nase ist ein leicht zu erreichendes Ziel. Ein Schlag mit der Faust oder dem Handballen ist sehr schmerzhaft, treibt dem Angreifer in der Regel die Tränen in die Augen, und beeinträchtigt seine Sicht.

Es kann zu einem Bruch des Nasenbeines führen.

Dies hängt jedoch sehr von der Wucht des Schlages ab.

KEHLE

Ein Schlag auf den Kehlkopf nimmt dem Angreifer im wahrsten Sinne des Wortes - den Atem. Auch dieser Schlag kann tödlich enden, sofern der Kehlkopfknorpel zerquetscht wird. Diese Verletzung führt zum Erstickungstod. DESHALB, gewissenhaft damit umgehen.

HALS

Durch kräftiges Zudrücken oder einen Schlag auf den Hals, wird für einen Moment die Blutzufuhr zum Gehirn unterbrochen.
Der Gegner wird benommen oder zum Teil ohnmächtig, ohne lebensbedrohliche Folgen.
Der Schlag auf die Außenseiten des Halses führt man am besten mit der Handkante aus.

SCHLÜSSELBEIN

Das Schlüsselbein ist ebenfalls ein gut zu erreichendes Angriffsziel und ist aufgrund seiner geringen Stärke leicht zu brechen. Der Gegner ist dadurch sofort kampfunfähig und keineswegs lebensgefährlich verletzt.

SOLARPLEXUS (SONNENGEFLECHT)

Ist der Gegner nur mit einem dünnen Hemd bekleidet, ist dieser Punkt, der direkt unter dem Brustbein angrenzt, relativ gut zu erreichen, da er nicht von den Bauchmuskeln geschützt wird.
Ein kräftiger Fauststoß oder Tritt auf das Zielgebiet bewirken, dass sich der Angreifer unter Schmerzen krümmt. Trägt er allerdings eine dicke Jacke, oder hat starke Bauchmuskeln, ist die Trefferwahrscheinlichkeit sehr gering. Die kurzen Rippen stellen deshalb meist ein besseres Ziel dar.

ELLBOGEN

Ein Schlag oder ein entsprechender Hebel am Ellbogengelenk führen zu einer Bewegungsunfähigkeit des betreffenden Armes, bis hin zum Bruch.

HANDGELENK

Das Handgelenk ist, wie z. B. in Technik 2 gezeigt, ein schmerzliches Angriffsziel. Es ist ein relativ schwaches Gelenk, das bei einem angewandten Hebel leicht schmerzt und auch bricht. Wie bei allen Hebeln ist natürlich auch hier einige Übung erforderlich und Halbherzigkeit beim Einsatz, führt zwangsläufig zum Scheitern.

FINGER

Der kleine Finger ist das bekanntlich schwächste Glied der Hand. Aber auch die anderen Finger lassen sich gut greifen und Notfalls brechen.

GENITALIEN

Das männliche Geschlechtsteil ist ganz besonders schmerzempfindlich und ist gut mit einem Tritt zu erreichen, da es relativ ungeschützt und tief gelegen ist. Aufgrund großer Schmerzen kann es zur Bewusstlosigkeit kommen. Harte Tritte können natürlich auch zur Unfruchtbarkeit führen.

KNIE

Das Knie ist, wie alle anderen Gelenke, ein gutes Angriffsziel. Maßgeblich für das Ausschalten des Gegners ist auch hier eine konsequente Ausführung. Treffen Sie das Knie mit einem Tritt im richtigen Winkel, führt dies zur Kampfunfähigkeit. Ist der Tritt sehr hart, kann es auch zu einem hässlichen, offenen Beinbruch kommen.

FUSS

Vor allem der Spann ist mit einem Tritt leicht zu verletzen. Treffen Sie diesen mit Ihrem Absatz oder der Ferse, wird dies Ihrem Gegner Schmerzen bereiten.

Die ureigenste Form des Schlagens ist der Fauststoß. Leider kann man sich bei unzureichender Übung und Abhärtung leicht selbst verletzen (zu diesem Thema ist bereits ein eigenständiges Buch in Arbeit. Wird allerdings auch bei meinen Seminaren thematisiert).
Ein getroffenes Kinn kann sehr hart sein, gerade wenn die Faust nicht richtig geballt wurde. Deshalb sollten Sie zunächst das richtige Ballen der Faust verinnerlichen. Wie es funktioniert zeigen die folgenden Abbildungen:

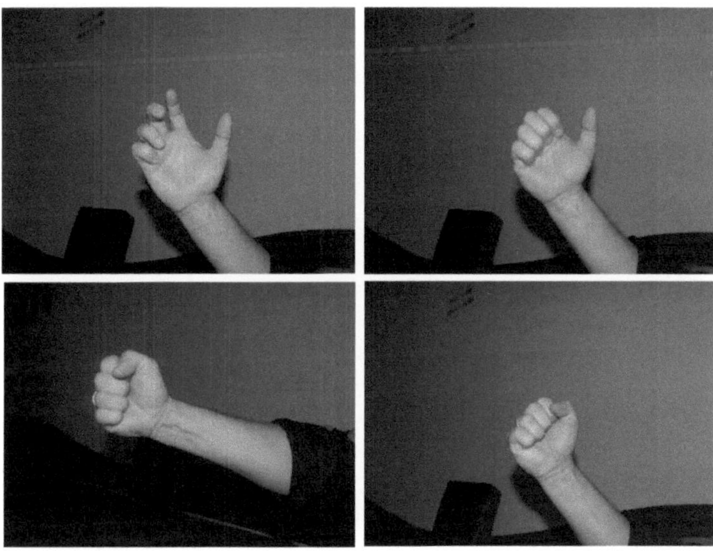

Der Fauststoß bringt die beste Wirkung, wenn Sie mit Ihrem Körper hinter dem Arm stehen. Das erreicht man, indem man die stärkere Körperseite nach vorn dreht. Die Faust trifft nur mit den Knöcheln des Zeige- und Mittelfingers auf (siehe Skizze).

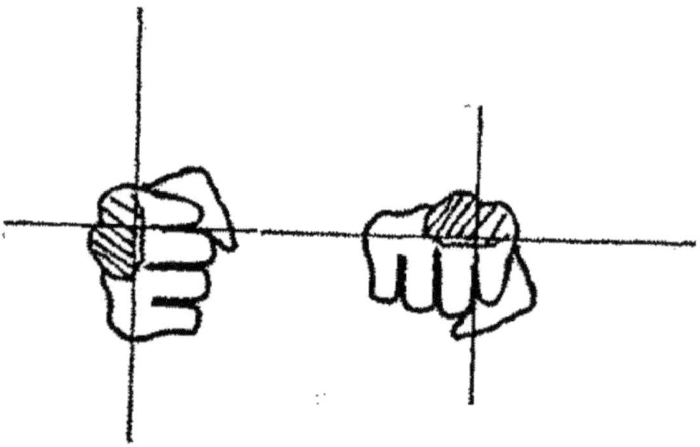

Ein geübter Karateka dreht die Faust während des Schlages. das heißt, die Innenseite der Faust zeigt in der Anfangsphase des Schlages nach oben, wird dann im Verlauf gedreht, bis letztendlich beim Auftreffen die Außenseite oben ist. Diese Ausführung eines Fauststoßes ist in Kampsportkreisen, hauptsächlich von Seiten des Kung-Fu mit recht umstritten. Zweckmäßig ist tatsächlich nur, dass Sie mit den oben gezeigten Knöcheln treffen, um eine eigene Verletzung weitestgehend auszuschließen.

Eine weitere Schlagmöglichkeit stellt der Handkantenschlag dar. Hierbei unterscheidet man zwischen der Innenhandkante und der Außenhandkante.

Der Fingerstoß eignet sich besonders für einen Stich in die Augen.

Sehr harte und effektvolle Techniken sind der Ellbogenstoß und der Handballenschlag zur Nase.

Der Vorwärtsfußstoß ist eine geeignete Technik, einen Angreifer zu stoppen. Gewöhnen Sie sich an, das vordere Bein nicht zu belasten, d. h. Ihr gesamtes Körpergewicht sollte auf dem hinteren Bein ruhen.
So ist es Ihnen möglich, ohne zeitraubende Gewichtsverlagerung das Bein zum Tritt hochzuziehen. Der Tritt erfolgt dann in zwei Stufen. Stufe 1 = Knie hochziehen (dies stellt gleichzeitig eine hervorragende Deckung dar, falls der Angreifer Ihnen zuvorkommt). Stufe 2 = das Bein wird vorwärtsgestoßen. Ziehen Sie dabei die Zehen weit nach oben, sodass der Tritt mit der Ferse auftrifft. Dadurch verstärken Sie dessen Wirkung und schließen aus, dass Sie sich die Zehen verletzen.

Der Aufwärtstritt teilt sich auch in zwei Stufen auf. Allerdings wird dieser nicht horizontal gestoßen, sondern von unten nach oben ausgeführt. Dabei wird mit dem Spann getroffen. Dieser Tritt wird zu den Genitalien des Angreifers geführt.
Der Stoß mit dem Knie gehört natürlich zum Standard-Repertoire der Selbstverteidigung. Er kann von unten nach oben in die Geschlechtsteile, sowie in den Bauch und je nach Gelenkigkeit auch zu anderen Körperregionen ausgeführt werden. Eine kleine Variation stellt der seitliche Kniestoß dar. Dieser wird von außen nach innen gezogen. Ein gutes Ziel stellen hierbei die kurzen Rippen und die Außenseite des Oberschenkels dar.

ZUSAMMENFASSUNG

Dieses Buch ersetzt nicht das körperliche Training und ist nicht das Ende der Wissensaufnahme, doch es dürfte anfänglich genügen, die darin beschriebenen Gedanken zu verinnerlichen. Denken Sie stets an die Technik der kleinen Schritte. Je mehr Sie sich mit dem Thema Selbstverteidigung vertraut gemacht haben, desto stärker wird Ihr Streben nach weiterer Vervollkommnung. Bedenken Sie aber immer, die beste Technik wird scheitern, wenn Ihre geistige Einstellung nicht ausgereift ist. Üben Sie so oft wie möglich mit einem Partner. Ihr Lebensgefährte, Ehemann oder ein Freund wird Sie sicher unterstützen. Beachten Sie auch, dass Sie sich ausreichend Anerkennung zukommen lassen. Wenn Sie mit einem Partner trainieren, weihen Sie ihn nicht in die Technik ein, die Sie gerade testen wollen, da er sonst vorbereitet ist und nicht "normal" reagiert. Ihr Gegner auf der Straße weiß auch nicht, was ihn erwartet. So gewinnen Sie mehr Selbstvertrauen und Sicherheit. Das bedeutet nicht, dass der Trainingspartner Sie wie ein Lämmchen behandeln soll. Er darf ruhig richtig zupacken, aber sich dann auch nicht beschweren, wenn er etwas einstecken muss. Beginnen Sie das Training in gedämpfter Härte, bis die Bewegungsabläufe einigermaßen sicher ausgeführt werden können. Es ist keine Schande, wenn es nicht gleich beim ersten Mal klappt. Haben Sie erst einmal begonnen sich intensiv mit der Selbstverteidigung zu beschäftigen, wird eine Kettenreaktion ausgelöst, die auf den angeborenen menschlichen Spieltrieb zurückzuführen ist. Bevor Sie aber gleich mit Härte an die Sache herangehen, sollten Sie sich wirklich mit den einzelnen Bewegungen vertraut machen.

Üben Sie, wie im Kapitel "Geistige Voraussetzungen" beschrieben, konzentriert und konstruktiv. Schon bald werden Sie die erwünschten Fortschritte verzeichnen können.

Vergessen Sie dennoch niemals, dass jeder Angriff auf Ihre Person eine große Gefahr darstellt. Handeln Sie deshalb niemals leichtsinnig.
Auch wenn Sie nach einiger Zeit eine Vielzahl von Techniken intus haben, sind Sie nicht in der Lage, jede Situation zu vereiteln.
Wie Sie sicher erkannt haben, gibt es kein festes Schema, nach dem ein Angriff abläuft. Jedes Mal sind die äußeren Umstände unterschiedlich. Einmal erfolgt dieser in der Nacht von einem bewaffneten Angreifer, beim anderen Mal am Tag, von einem unbewaffneten in der überfüllten Straßenbahn. Wiegen Sie sich deshalb nicht in einer "falschen" Sicherheit, sondern handeln Sie mit Übersicht nur dann, wenn sich keine Möglichkeit zur Flucht ergibt.
Zusammenfassend möchte ich Ihnen ein paar Punkte an die Hand geben, die Sie sich unauslöschlich einprägen sollten, da möglicherweise Ihr Überleben im Ernstfall davon abhängt:

1. Der beste Kampf ist der, der nicht stattfindet
2. Werden Sie auf irgendeine Weise mit einem Würgegriff umfasst, drücken Sie Ihr Kinn auf die Hand/den Unterarm des Angreifers, damit Sie weiteratmen können.
3. Werden Sie über den Armen umklammert, spreizen Sie die Arme nach außen ab, gegen die Kraft des Gegners, damit weiterhin Luft in Ihre Lungen strömen kann.
4. Handeln Sie immer beherzt. Sagen Sie sich: "Er wird mich vielleicht verletzen, aber ich mache es ihm nicht leicht".
5. Führen Sie die Techniken immer mit voller Kraft aus. Sie haben womöglich nur diese eine Chance.
6. Ihre Schläge und Tritte sollten unbedingt zu den Vitalpunkten des Angreifers ausgeführt werden.

Als Mitglied unserer Gesellschaft haben Sie einige Pflichten auf sich genommen, die Sie zu gewissenhaftem Handeln

auffordern. Haben Sie einen Angreifer ernsthaft verletzt, rufen Sie die Polizei, bzw. einen Krankenwagen. Auch jetzt sind Sie verpflichtet, “Erste Hilfe” zu leisten.
Dieses besonnene Handeln kommt Ihnen im Falle einer Gerichtsverhandlung zu Gute, denn, Ihre Tat wird solange strafrechtlich verfolgt (Körperverletzung), bis eindeutig feststeht,
dass Sie aus Notwehr gehandelt haben.

ENDE